Hans Ulrich Willms
Leben ...

Hans Ulrich Willms

Leben...

Mit guten Wünschen gewidmet
[signature]

Verlag Johann Wilhelm Naumann

Imprimatur: Würzburg, 20. Juni 1978 – Wittig, Generalvikar
Nihil obstat: Aachen, 29. Mai 1978 – Dr. Anlauf, Provinzial
Alle Rechte vorbehalten.
Gesamtherstellung: Fränkische Gesellschaftsdruckerei Würzburg
ISBN 3 921155–57–6

„Es ist leicht,
die Menschen zu unterhalten,
wenn sie
glücklich sind.

Aber es ist schwer,
auch nur wenige Worte
zu sagen oder zu schreiben,
die sie
in schweren Stunden
ertragen können."

Inhalt

- 9 Kennst du die Einsamkeit?
- 11 Das bringt sie mit sich
- 12 Man liebt sie nicht
- 15 Was wir brauchen
- 16 Sonst ist alles aus
- 19 Das kann nicht alles sein
- 20 Ohne Freude am Leben
- 22 Gott, mein Gott
- 24 Allein, müde, verlassen
- 26 Ich habe Angst
- 31 Was ist mit der Liebe Gottes?
- 32 Keine Bibelzitate und keine frommen Sprüche
- 35 Gott sucht unsere Hände
- 36 Er trägt keine Masken
- 38 Auf der Straße nach Jericho
- 40 Nicht wie die falschen Priester
- 43 Sie fühlen sich isoliert und dann
- 44 Alkohol, Tabletten, Drogen
- 47 Der erste Schritt zur Lösung
- 48 Allein schaffst du es nicht
- 50 Ihr habt gut reden
- 52 Hier möchte ich glücklich sein
- 55 Last, Versuchung, Gefahr
- 56 Was kümmert's ihn?
- 59 Du aber kennst mich
- 60 Last der Liebe
- 63 Spürst du, wie fertig wir sind
- 65 Sie wollen sich scheiden lassen
- 66 Es sollten wirklich alle Stricke gerissen sein
- 68 Jeder Tag genügt sich selbst
- 71 Eine Illusion zerbricht
- 73 Schwerer als Worte es sagen
- 75 Sie hatten sich zur Treue entschieden
- 77 Aber dann ist es geschehen
- 78 Glück in der Ehe – läßt sich das lernen?
- 80 Was haben wir falsch gemacht?
- 83 Müssen wir uns zerquälen?
- 85 Ich bin auf euch nicht angewiesen
- 87 Ausgerissen
- 88 Auf der Grundlage flüchtiger Bekanntschaft
- 90 Als Frau betrogen
- 93 Sexuelle Annäherung
- 94 Schauen Sie nach vorn
- 97 Enttäuscht, und verzweifelt einsam
- 99 Ein leerer Platz und die Erinnerung
- 100 Josef und Maria
- 103 Nichts mit unserem Alltag zu tun?
- 104 Sie erwartet ein Kind
- 107 Eine Welt bricht zusammen
- 108 Um damit fertig zu werden
- 110 Deine Liebe

Kennst du die Einsamkeit?

Kennst du die Einsamkeit?
Ein Kind noch,
spielst du alleine.
Kinder lachen dich aus,
sie stoßen dich weg,
sie tun dir weh:
kennst du die Einsamkeit?

Ein Mädchen, ein Junge,
ein Mann, eine Frau,
von anderen belächelt,
unverstanden
hin- und hergestoßen,
hin- und hergerissen,
zwischen zwei Welten:
kennst du die Einsamkeit?

Nicht lernen mußt du sie,
denn erfahren wirst du sie
wie jeder ...

A. Salentin

Das bringt sie mit sich

Einsamkeit
so heißt eine große Not,
die viele Menschen zugrunde richtet.

Dabei werden enorme, kostspielige
Anstrengungen unternommen,
das Alleinsein abzuschaffen.

Eine raffiniert angelegte Vergnügungsindustrie
produziert
Rummel, Trubel, Abwechslung.

Kontakt wird
vermarktet, gemanagt, programmiert,
aber die
Einsamkeit
bleibt.
Denn
wirkliches Vordringen zum anderen,
wirkliches Ernstnehmen des anderen,
wirkliches Erreichen des anderen,
wirkliches Annehmen des anderen
kommen darin nicht vor.

Und das bringt sie mit sich:
Einsamkeit.

Einsamkeit
für Menschen in allen Positionen,
jeden Alters.

Einsamkeit
ob arm oder reich,
prominent oder durchschnittlich,
in Villen und Reihenhäusern,
in Städten und Dörfern,

Einsamkeit.

Man liebt sie nicht

Da sind die Reichen, die Gewaltigen,
die auf der obersten Stufe;
sie werden gebraucht,
man hat sie nötig;
besser:
ihr Geld,
ihre Beziehungen,
ihren Einfluß, ihre Macht,
aber:
man liebt sie nicht.

Da sind
die Großen im Showgeschäft,
die Stars und die, welche
glauben, es zu sein;
sie sind gefragt:
ihr Körper ist begehrt,
ihr Lächeln,
ihre Stimme,
aber:
man liebt sie nicht.
Eine Erfahrung,
die tödlich werden kann,
wenn der Vorhang
gefallen ist,
die Scheinwerfer
ausgegangen sind,
die Kameras
sich anderen „Objekten"
zuwenden.

Da sind die jungen Menschen,
die ihr Leben
noch vor sich haben.
Sie amüsieren sich
recht und schlecht.
Veranstalten Feten,
stellen dies und jenes
miteinander an,
nehmen im Verhältnis der
Geschlechter zueinander
auch die letzte Intimität
sehr früh,
oft wechselnd,
vorweg,
aber wirkliche Verantwortung
ist nicht dabei.
Und das zeichnet.
Das hinterläßt Spuren.
Noch sehr jung an Jahren
sind viele bereits früh
gealtert.
Haben schon alles hinter sich,
sind verbraucht und müde.
Es fehlt das Frische,
das Frohe, Lebendige,
Herzliche und Unbeschwerte
des Noch-jung-sein-Könnens.

Da sind
wir selbst.

Erfaßt von Momenten,
Situationen und Augenblicken,
in denen wir furchtbar
allein bleiben,
die wir ohne andere
entscheiden und durchtragen
müssen. In denen uns
niemand helfen kann,
in denen alles auf uns Zugehen,
alles sich uns Zuwenden
vorher stehen bleiben,
uns im Innersten nicht erreichen,
wir einfach auf uns selbst
verwiesen sind:
allein,
suchend und fragend,
einsam ...

Was wir brauchen

Was brauchen wir,
um dieser Einsamkeit Herr zu werden,
sie zu überwinden?

Nicht jemanden,
der uns jovial auf die Schulter klopft:
das wird schon wieder.

Nicht jemanden,
der uns applaudiert, solange wir wer sind
und der von unserem Erfolg, unserem Geld,
unseren Beziehungen etwas mitbekommt.

Nicht jemanden,
der uns gebraucht, benutzt, hofiert
oder sich an uns abreagiert.

Nicht jemanden,
der uns seinen Körper anbietet
und den unseren nimmt,
um uns dann schnell wieder loszulassen.

Wir brauchen ein Du,
ein wirkliches Du,
ein bleibendes Du,
ein Du,
dem wir vertrauen können.

Wir brauchen ein Herz,
ein lebendiges Herz,
ein Herz
aus Fleisch und Blut,
ein Herz,
das an den Nerv und die Mitte unseres Lebens rührt;
in dem unsere aufgesetzten Masken entlarvt,
unser oberflächliches Sichgeben
unglaubwürdig gemacht werden.

Ein Herz,
das zum Schlüssel wird für unser eigenes Herz
und zur Brücke zu den Herzen anderer wird.

Sonst ist alles aus

Viele haben das Vertrauen zum „Du" verloren.
Sie hatten alles auf ein menschliches Du bezogen,
ihren Lebensinhalt damit gleichgesetzt.
Und dann mußten sie erfahren,
daß sie dieses Du nicht halten konnten,
daß sie dieses Du verloren
an andere Menschen,
an den Tod
und mit ihm
verloren auch sie
ihr Herz,
verloren sie
die Mitte ihres Lebens.

Viele wurden immer wieder enttäuscht
und dann haben sie es aufgegeben,
sich einem Du überhaupt noch auszusetzen.
Sie wurden
verbittert und unzugänglich,
abweisend und kalt,
berechnend und lauernd ...

Für solche Menschen ist alles,
was Zukunft heißt,
gebrochen,
alles,
was Hoffnung heißt,
ausgezogen,
alles,
was Leben heißt,
in die Sackgasse
des Augenblicks geraten.

Das kann nicht alles sein

Ohne das Hin zum Du
wird der Mensch
zu Stein.
Sein Ich ist die Welt,
an der er baut.
Sein eigenes Selbst
der Dreh- und Angelpunkt
allen Bemühens.

Ohne das Hin zum Du
meidet man jede Verantwortung
für andere,
findet man nicht über sich
hinaus und richtet sich so
zugrunde.

Ohne das Hin zum Du
aber gibt es
keine Zukunft,
nur ein Heute,
kein Zuhause,
nur eine Wohnung,
keine Heimat,
nur Fremde,
keine Gemeinschaft,
nur Isolation,
kein Leben,
nur den Tod.

Man lebt aus dem
hastigen Aneinanderreihen von
Augenblicken,
Stunden,
Tagen und Jahren,
die irgendwann abbrechen und
unwiderruflich zu Ende sind:
aus
und vorbei.
Nichts
mehr danach.

Das kann
nicht
alles sein ...

Ohne Freude am Leben

Dieses Gesicht ist hart. Strenge geht von ihm aus und abweisende Distanz. Die Augen ... suchen nicht mehr. Was sie sahen, hat ihnen die Freude am Entdecken und am Spiel des Lebens genommen.

Der Mund ... ist verstummt. Die Sprache, Brücke zum anderen Menschen, kann sich nicht entfalten in einer solchen Verschlossenheit.

Was muß geschehen im Leben eines Menschen, daß er so wird? So ohne Freude am Leben und an der Arbeit und an der Begegnung mit anderen Menschen? Wie tief muß die Temperatur in der Seele eines Menschen absinken, daß er erstarrt wie ein Erfrorener in der Kälte des Winters? Wie viele Bitten sind unerfüllt geblieben, wie viele Fragen unbeantwortet, wie viele Tränen unbeachtet, daß dieses Gesicht so hart geworden ist? Was werden andere Menschen dir angetan haben ..., und was hast du dir selbst angetan, daß du so wurdest?

Was muß geschehen, damit diese Augen wieder weinen und lachen können, damit dieser Mund wieder sprechen, fragen, antworten kann? Es ist leicht zu sagen: „Jeder ist seines Glückes Schmied!" – „Mach ein freundliches Gesicht, damit du wieder liebenswert wirst für andere!"

Es gibt eine Tiefe der Vereinsamung und Bitterkeit, aus der keiner aus eigener Kraft herausfindet. Es gibt ein Verstummen, in dem der Betroffene nicht mehr das erste Wort sagen kann. Darum ist dieses Gesicht und sind die einsamen, hart gewordenen Gesichter in unserer Umgebung Zeichen und Rufe an uns:

Zuzuhören und zu verstehen,
Geduld zu haben und zu verzeihen,
zu schenken und zu lieben,
gut zu sein und das helfende,
lösende Wort zu sprechen, das
die Verhärtung löst,
die Tür zum Leben öffnet ...

Gerhard Kiefel

Gott, mein Gott

Gott will uns helfen,
eine solche Verschlossenheit aufzusprengen,
eine solche Einsamkeit mit Leben zu erfüllen.
Er hat es getan in
Jesus Christus,
der einer von uns geworden ist,
unser Gegenüber, unser Bruder.
Er wurde zum Herzen Gottes in dieser Welt,
zum Du Gottes in unserem Leben,
um alles mit uns zu teilen
bis hin zum:
Gott, mein Gott,
warum hast du mich verlassen!
Aber nicht, um mit uns zu sterben,
nicht um mit uns unterzugehen,
sondern um uns einzubergen in seine Auferstehung
und in sein Leben
und uns damit heimzuholen
in unser eigentliches Menschsein.

Um das auszusprechen,
dieses für uns Menschen wohl ewig
unbegreifbare Wort,
ist er in diese Welt gekommen.
In diesem Schrei wurde er zum Bruder
aller Menschen.
Er wollte keinen Erfolg, keinen Applaus.
Er wollte das Herz der Menschen.
Er wollte Hoffnung machen all denen,
die Gefahr laufen, in der Mühle des Lebens
zermahlen zu werden – auch von sich selbst.
Er wollte nicht heimzahlen – er wollte aufrichten.
Er wollte nicht abrechnen – er wollte gut sein.
Ohne sein Wort, ohne sein Kreuz, ohne sein Leben,
ohne seine Auferstehung hätte die Welt
keine Hoffnung mehr des Darüberhinaus.
So aber haben wir Hoffnung.
Hoffnung für uns,
Hoffnung für unser Leben
in seiner Liebe,
die niemanden draußen,
niemanden vor der Tür,
niemanden im Abseits läßt.
Die alle Angst,
alle Einsamkeit,
alle Verlassenheit,
alle Verschlossenheit,
die den
Tod
überwunden hat.
Weil selbst im Tod
Er anwesend ist,
und seine Liebe
sich durchsetzt.

Allein, müde, verlassen

Auch Christen machen die Erfahrung von Einsamkeit. Sie ist gekennzeichnet von schmerzlicher Unruhe des Herzens. Geprägt durch ein würgendes Gefühl von Heimweh, einer heißen, innerlich aufsteigenden Sehnsucht nach Zuhause.
Und es kann furchtbar sein, sich auf einmal verwirrt, allein, müde, verlassen, so richtig wundgeschlagen zu fühlen.
In der Tiefe des Herzens ohne Antwort, ohne Echo auf alles Rufen und Beten, Suchen und Fragen, Schreien und Weinen.
Und dann möchte man sich irgendwo geborgen wissen, möchte man sich irgendwo ausruhen können, möchte man in Arme flüchten, die einen umschließen, die einen festhalten, die die Unruhe nehmen, das Heimweh, die Angst und das Alleinsein.
Der Erlöser selbst, Christus, hat dieses existentielle „Fehl" gespürt, hat es in die Welt hineingeschrien: von allen verlassen, ans Kreuz geschlagen, wehrlos ausgesetzt inmitten von Gelächter, Spott und Wut.
Wer den Spuren dieses Christus nachgeht, nimmt daran Anteil.
Der ist einbezogen in das Geschehen, in das Erleiden von Erlösung.
Als Christen sind wir in ein „Für" gerufen.
Dieses Für bleibt uns aufgegeben in den Fragen des Lebens.
Und weil wir als Christen nichts überspringen können, weil wir auch als Christen ganz Mensch bleiben, selbst erlösungsbedürftig und angewiesen, verschreckt und voll Angst, gehen wir diesen Weg mit, bleibt uns diese Erfahrung nicht erspart, ist sie ein Stück des Namens, den wir tragen ...

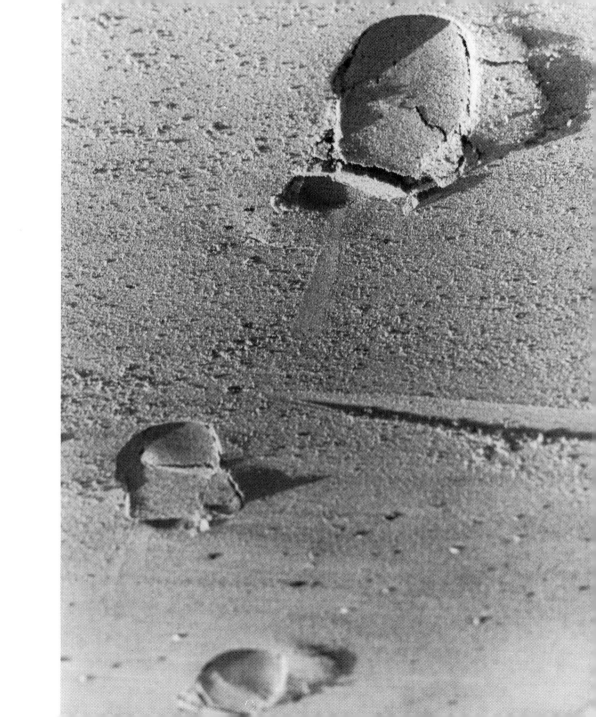

Ich habe Angst

Ich habe die Richtung verloren.
Irgend etwas stimmt nicht mehr
mit mir.
Mein Fühlen und Denken sind
durcheinander gebracht.
Ich habe Angst.
Angst,
die Hand verloren zu haben,
an der ich mich sicher halten
konnte und von der ich mich
gehalten wußte.
Erschreckt und verstört schreit
es in mir, daß ich nicht mehr
mit dem leben zu können glaube,
auf das ich bisher gesetzt habe
und was zum tragenden Sinn
meines Lebens erklärt war.
Das ist auf einmal so leer,
so unsicher, so weit weg,
irgendwo auch unglaubwürdig.

Nicht Furcht ist es,
was ich empfinde. – Nein!
Ich habe Angst.
Das bedroht mich so.
Wäre es nur Furcht;
sie ginge vorüber –
sehr bald.
Furcht haben wir ja vor etwas
Bestimmtem, vor etwas, das wir
ausmachen, angeben, beschreiben
und konkretisieren können.
Und wenn dieses
„Konkrete Etwas" beseitigt ist,
fällt auch die Furcht davor.
Wird sie mit abgenommen,
und alles ist gut.
Aber ich habe Angst.
Angst,
immer dann, wenn ich mich
einsam fühle,
allein gelassen und ausgesetzt,
ungeborgen, unverstanden, müde.

Sicher: ich weiß,
das gehört zu meinem Menschsein.
Es ist eine Grundbefindlichkeit.
Ein Teil meines Selbst.
Ein Stück meines Seins.

Sicher: ich weiß,
mein Sein ist unendlich
in seiner Vorstellung.
In seinem Hoffen
und Sehnen, Wünschen und Träumen
ist es angelegt auf Übersichselbst-
hinaus. Und stößt doch ständig
an Grenzen, an denen es nicht
mehr weitergeht, die sich nicht
überwinden lassen.

Damit muß ich leben –
wie mit meinem Namen.
Damit muß ich fertigwerden –
wie mit meinem Gesicht.

Sicher: ich weiß,
daß ich meiner Angst nicht hilflos
ausgeliefert bin. Sie braucht mich
nicht zu verschlingen,
nicht zu erdrücken,
nicht zu ersticken.
Ich kann sie binden.
Es gibt Jemanden, der,
weil er Liebe ist,
radikalste Angst
auf sich genommen,
sie auch für mich
zum Himmel geschrien hat:
aufgehängt am Kreuz,
einsam, geschunden, blutig geschlagen,
allein zwischen Himmel und Hölle,
Gott und Welt, Vater und Menschen.
Ich nenne mich sogar nach ihm.
Ich trage seinen Namen.
Und ich glaube in meinem Herzen daran,
daß er am Kreuz nicht umgekommen
und nicht untergegangen ist.

Ich glaube daran, daß er
alle Angst und Verlassenheit
durchgetragen hat,
um auch mich davon zu erlösen,
auch mich darin nicht
allein zu lassen.

Obwohl ich das weiß,
fällt es mir heute sehr schwer,
diesen seinen Weg mitzugehen,
für mich, für andere.

Obwohl ich daran glaube,
fühle ich mich heute müde
und leer, traurig, mutlos
und voller Fragen.

Meine Angst
spricht zu deiner Angst,
spricht zu dir
Du – Jesus am Kreuz –.
Ich will dich nicht lassen.
Ich will dich nicht hergeben.
Aber du mußt mir helfen.
In meiner Angst
droht mein Herz kalt zu werden,
droht es, sich zu verschließen
und abzuwenden.

Ich werde meine Angst nicht mit
dem Verstand überwinden können.
Ich werde ihr nicht mit meiner
Vernunft beikommen, sondern nur
in dem Vertrauen auf deine Liebe,
o Gott, die du mir und allen
zugesprochen hast
und die ich nur wahrnehme,
wenn ich aufschaue zu dir,
den sie,
den auch ich,
durchbohrt haben ...

Was ist mit der Liebe Gottes?

„Gottes Liebe ist wie die Sonne.
Sie ist immer und überall da."

Dieses Lied, eingebunden in eine gefällige Melodie,
wurde zum Star vieler Kinder- und Jugendgottes-
dienste.
Aber wir dürfen uns die Frage nicht ersparen:
was bleibt von diesen Worten übrig,
wenn das Lied und der Gottesdienst zu Ende sind?
Wird nicht allzu schnell und zu leichtfertig
mit dem Wort von Gott und seiner Liebe
umgegangen und herumgeworfen –
vor allem auch da,
wo man lieber
schweigen sollte?
Davon singen und sprechen ist leicht.
Aber glauben und rechnen wir wirklich
mit der Liebe Gottes?
Nehmen wir sie wirklich so ernst und so wahr
wie die Sonne und ihr Licht?

Was ist mit der Liebe Gottes
und unserem Glauben daran,
wenn wir vom Leben auf die Knie gezwungen werden?
Es nicht so geht, wie wir das gerne hätten?
Wenn unsere Berechnungen und Erwartungen
nicht aufgehen,
sich unsere Wünsche nicht erfüllen?

Viele Menschen können es einfach nicht mehr hören,
wenn man ihnen mit der Liebe Gottes kommt.
Sie können einfach nicht mehr daran glauben.
Sie stehen vor den Trümmern ihres Lebens
und ihr Glaube ist mit in Scherben gebrochen.

Keine Bibelzitate und keine frommen Sprüche

Was hilft weiter? Was richtet auf? Was trägt dennoch?
Nicht theoretische Erwägungen, nicht Bibelzitate allein und erst recht keine frommen Sprüche.
Was wir brauchen, ist eine wirkliche Begegnung mit Gott, mit seiner Liebe, die sich nicht trennen lassen.

Nur: wo ist er?
    Wo ist sie – diese Liebe?
    Wo können wir sie finden?
    Wo können wir sie greifen?
Alles im Menschen,
    vielleicht oft verschüttet,
    erstickt, protestierend,
    verzweifelt, gequält und
    aufgeschreckt ...
    fragt danach,
    weint danach,
    schreit danach.

Wir können uns die Antwort leicht machen und den Katechismus aufsagen.
Darin haben wir es ja gelernt, da steht es schwarz auf weiß:
Gott begegnet uns in den Sakramenten, im Gebet, in der Bibel, in den Menschen, in uns selbst.
Und es ist richtig, immer richtig, auch heute richtig.
Aber es genügt nicht.
Nicht für sich allein.
Es trägt nicht, es überzeugt nicht – auf dem Papier oder lediglich in Worten. So lange es auswendig gelernte Sätze sind, nehmen sie uns nichts ab von dem, was das Leben zu tragen auferlegt.
Unser Glaube daran wird sich erst dann überzeugend auswirken, erst dann werden wir damit leben können, wenn wir diesen Glauben an uns tun lassen, und wenn wir selbst diesen Glauben tun.

Gott sucht unsere Hände

„Ich suchte Gott
und er entzog sich mir.
Ich suchte meine Seele
und ich fand sie nicht.
Ich suchte meinen Bruder
und ich fand alle drei."

Gottes Liebe bleibt für uns solange ein Lied
und eine fromme Redensart, solange wir nicht
begreifen, daß Gott, um seine Liebe spürbar
werden zu lassen –
unsere Hände sucht.
Gott hat keine anderen Hände
als die Unseren.
Er sucht unsere Hände – auch dann,
wenn wir sie in der Tasche haben,
sie verstecken, weil sie müde
geworden sind und nicht mehr geben
wollen.
Er ruft uns beim Namen – auch dann,
wenn wir vorgeben,
nicht da zu sein, weil unser Herz
leer ist und voller Fragen,
weil unsere Lippen Worte machen,
die wir nicht mehr innerlich
nachvollziehen.

Wie auch uns die erlösende, heilende
Liebe Gottes nur erfahrbar durch Menschen wird,
die unter dem Zeichen der Liebe Gottes
unbeirrbar leben und so zum Sitz seiner Liebe werden
in dieser Welt, so sollen auch wir
zum Sitz seiner Liebe werden für die Menschen,
mit denen wir auf den Straßen unseres Lebens
gehen.

„Es ist das Herz,
das gibt;
die Hände
geben nur her."

Er trägt keine Masken

Kann ein Mensch, der noch nie hungrig, krank, fremd, leer, verlassen und hoffnungslos einsam war, all diese Not der Menschheit verstehen, ihr in seinem Innern Heimat bieten? Wahrscheinlich nicht. Er wird vielleicht sehr feierlich und gütig all dieser Not entgegengehen, sie auf sich nehmen und sie für die anderen tragen wollen. – Aber er kann es nicht. Nicht im Letzten. Nicht dort, wo das Leid sinnlos wird.

Meine Sünde, mein Leid, meine Verlorenheit kann mir niemand abnehmen. Sie sind keine Handelsware. Wie niemand mir meine Geburt oder meinen Tod abnehmen kann, so kann mir niemand meine Verfallenheit abnehmen. Aber: es kann sich jemand, der selbst die Sinnlosigkeit leidender Existenz erlebt hat, neben mich setzen, wenn ich traurig bin und mich verloren fühle und kein Wort sagen. Ich werde es schon spüren, daß er mein Freund ist, der vielleicht nichts für mich tun kann, als mit mir traurig sein. Dann werde ich in meiner Trauer nicht mehr allein stehen. Das wird mich vielleicht trösten.

Dieses Sich-neben-mich-Setzen ist zwar vordergründig sinnlos, außer dann, wenn er mein Freund ist. Es gibt keine andere Erklärung dafür. Er kann es nicht anders sagen. Auch ihm fehlen die Antworten, aber er trägt keine Masken. In diese Gesellschaft der Maskenlosen muß auch der Gott der Erlösung herabsteigen, wenn er unser Leid leben will, wenn er unser Freund sein möchte, Freund der hoffnungslos Kleinen.

Daß er sich aber neben uns setzt, selbst ausgehöhlt, leer, hungrig, dem Tode geweiht, gottverlassen sogar, das werden nur jene bemerken, die den Mut haben, sich selbst zur Welt der Verlorenen zu zählen und die selber fähig sind, neben allen zu sitzen, die verloren sind, als ihr Freund. Solche Barmherzigen werden die Barmherzigkeit Gottes wahrnehmen können; die anderen werden ihn gar nicht bemerken.

Ladislaus Boros

Auf der Straße nach Jericho

Ein Mann zog von Jerusalem nach Jericho.
Unterwegs überfielen ihn Räuber.
Sie nahmen ihm alles weg, schlugen ihn zusammen
und ließen ihn halbtot liegen.
Nun kam zufällig ein Priester vorüber.
Er sah den Mann liegen
und ging vorüber.
Genauso ein Levit, als er an die Stelle kam
und ihn sah.
Schließlich kam ein Mann aus Samarien
zu der Stelle.
Als er den Überfallenen sah,
hatte er Mitleid.
Er ging zu ihm hin, behandelte die Wunde
mit Öl und Wein und legte einen Verband an.
Dann setzte er ihn auf sein eigenes Reittier
und nahm ihn mit in das nächste Gasthaus,
wo er sich um ihn kümmerte.

Am anderen Tag gab er dem Wirt zwei Silbermünzen:
Pflege ihn bitte, sagte er.
Und wenn ich zurückkomme,
dann will ich dir ersetzen,
was du sonst noch für ihn ausgibst.
Und Jesus schloß:
Wer von den dreien hat den Überfallenen
deiner Ansicht nach wie einen Menschen
behandelt?
Er antwortete:
Der ihm geholfen hat!
Jesus erwiderte:
Mach es genauso!

Lk 10, 30–37

Nicht wie die falschen Priester

Immer wieder richten die Schlagzeilen der Presse, die Schlaglichter der Berichterstattung den Blick auf furchtbare und grausame Verbrechen von Menschen an Menschen.
An Unschuldigen und Ahnungslosen.
An Kindern und Frauen.
Abscheu und Trauer steigen in uns auf, gemischt mit Hoffnungslosigkeit und ohnmächtigem Zorn: Was kann man schon dagegen tun?

Gott, du willst nicht, daß wir an diesen oder jenen Schauplatz eilen. Du willst, daß wir an unserem Platz unseren Mann stehen. Daß wir da unser Herz und unseren Mund, unsere Gedanken und unsere Hände sauberhalten, freihalten von allem, was den Mitmenschen zu nahe tritt, was ihnen schadet und weh tut.
Du willst, daß wir die Menschen um uns herum so sehen, wie du sie siehst, du, dessen Namen wir tragen und in dessen Nachfolge wir uns eingeschrieben wissen. Unsere Augen aber sind oft gehalten durch das Äußere, die Figur, das Gesicht, die Kleidung, die Art und Weise des Auftretens und Sichgebens. Durch Intelligenz, Amt, Stellung, Einfluß, Macht und Beziehungen, die einer aufzuweisen hat.
Wir vergessen, daß du, Gott, uns Menschen nicht danach beurteilst. Zu allererst sind wir aus deinen Händen hervorgegangen, sind wir von dir erlöst – und selbst wenn jemand sich von dir abwendet, dein Angebot nicht annimmt, stirbt deine Liebe nicht zu ihm. Sie ist „der Fingerabdruck" in ihm, der nicht mehr ausgelöscht werden kann und dessen du dich niemals schämen wirst.
Wir gehen nicht so großzügig mit Liebe und Verständnis um. Der Mensch in uns schlägt lieber zurück, als etwas hinzunehmen. Zahlt lieber heim, als etwas auf sich beruhen zu lassen. Trägt lieber nach, als zu vergessen. Schaut lieber zurück als nach vorn. Lebt mehr aus der Erinnerung als auf Zukunft hin. Lebt mehr aus dem, was kommt oder was war, als in dem, was ist. Läßt lieber etwas liegen, als es aufzuheben. Schlägt die Tür lieber zu, als sie einem anderen aufzuhalten. Geht lieber vorbei, als zu helfen.
Gott, heute bitten wir dich um die Kraft, unsere Mitmenschen so anzunehmen, daß sie nicht aufgeben, auf dem Weg weiterzukommen, den sie mit uns gehen. Bitten wir darum, daß niemand durch unsere Schuld am Wege liegenbleiben muß, zusammengebrochen, verzweifelt und hilflos. Daß keiner unter die Räuber fällt, wie der Mann auf der Straße nach Jericho, die

auch unsere Straße ist, eine Straße mitten durch unser Leben. Eine Straße, auf der wir einander helfend begegnen oder achtlos und mit geschlossenen Augen aneinander vorübergehen.

Gott, laß uns nicht so sein, wie die falschen Priester, die falschen Gottesleute, die falschen Christen, die es immer eilig haben. Eilig für sich selbst, um sich in Sicherheit, um sich nach Hause zu bringen und dabei den Hilfsbedürftigen neben sich aus den Augen verlieren, es nicht sehen, wo andere leiden, hungern, weinen, zugrunde gehen und allein sind Tür an Tür.

Herr, verzeih uns, wo wir an dir vorübergegangen sind, wo wir zugesehen haben, mit Händen in der Tasche, mit einem Lachen auf den Lippen – wie man dich mit Füßen getreten hat, dich schief angesehen hat, dich nicht für voll genommen hat. Wir wollen uns bemühen, täglich einen Schritt nach vorn zu machen. Das versprechen wir dir – auch heute wieder...

Sie fühlen sich isoliert und dann

Viele Menschen fühlen sich isoliert.
Sie meinen, sie haben anderen Menschen nichts zu
sagen.
Deshalb sprechen sie mit niemandem.
Oder sie glauben, daß niemand sie versteht.
Deshalb wollen sie von niemandem angesprochen
werden.
Die einen
und die anderen
sind isoliert.
Mancher erlebt das schon in der Schulzeit oder in der
Ausbildung.
Ein anderer im Alter.
Auch viele, die im Berufsleben stehen,
leiden unter dem Gefühl der Isolierung.
Der Konkurrenzkampf überfordert ihre Energie.
Oder eine monotone Arbeit unterfordert ihre Fantasie.
Mögliche Folgen sind:
Angst, Unsicherheit und Unzufriedenheit.
Aber wer will das schon zugeben?
So geht es Frauen, Männern und Jugendlichen,
unabhängig von ihrem Beruf und ihrer sozialen Stellung.
Sie alle versuchen, mit ihrer Angst fertig zu werden...
Dazu benutzen sie Bier, Schnaps, Wein oder Tabletten;
und wer jung ist und weiß, wie man drankommt,
versucht es mit Hasch und Opiaten.
Isolierung kränkt.
Alkohol, Tabletten und Drogen sollen helfen.
Aber dann machen diese Mittel
krank.

Alkohol, Tabletten, Drogen

Nämlich so:
man braucht immer mehr,
am Abend,
am Wochenende,
um so die Isolierung
zu vergessen,
sie in angeheiterter Runde
für kurze Zeit
auch zu überwinden.
Am nächsten Tag merkt man,
daß man immer weniger verträgt.
Der „Kater",
Nervosität,
Konzentrationsschwäche,
Gereiztheit,
all diese Entzugserscheinungen
treten auf und verstärken das
Gefühl hilfloser Isolierung.
Denn
jetzt kann man wieder mit
niemandem sprechen,
weil man sich schämt.
Das Ganze ist ein Teufelskreis.
Was die Isolierung vergessen läßt,
verstärkt sie am nächsten Tag
noch mehr.
Also wieder:
Alkohol,
Tabletten,
Drogen.

Und wieder:
der Kater...
So kann Suchtkrankheit entstehen.
Fazit?
Man muß die Isolierung beseitigen,
Ängste überwinden,
neue Lernprozesse einleiten:
mit anderen sprechen.

Der erste Schritt zur Lösung

Die Beratung
ist der erste Schritt.
In einem unverbindlichen, selbstverständlich
vertraulichen Gespräch
können Sie mit einem Sozialarbeiter klären:
ob Sie überhaupt suchtkrank sind,
wie Sie eine fachliche Diagnose stellen
lassen können,
wie die Behandlung aussieht,
wer die Behandlung finanziert,
welche Probleme Sie z.B. am Arbeitsplatz haben,
wie sie sich lösen lassen,
welche Probleme Sie in Ehe und Familie haben,
wie sie anzugehen sind,
an welche Dienststellen Sie sich wenden können,
wenn Sie nicht suchtkrank sind,
aber dennoch Probleme haben.

Dieses Gespräch gilt nicht nur für Sie selbst,
sondern auch für den Partner, Eltern und andere
Ihnen nahestehende Personen.
Denn auch sie haben Fragen,
die direkt oder indirekt
mit Ihren Schwierigkeiten zusammenhängen.
Fazit?
Die Beratung
kann der erste Schritt
zur Lösung
Ihrer Probleme sein.

Auskunft,
wohin Sie sich wenden können,
erteilt Ihnen
jedes
Pfarramt.

Allein schaffst du es nicht

Du leidest an der Fessel deiner Abhängigkeit. Du möchtest sie sprengen. Du möchtest sie abstreifen. Du bist besten Willens. Du siehst ein, daß es so nicht weitergehen kann. Aber die Einsamkeit, die Not, deine Komplexe, deine Angst, die in dir sind und die dir wehe tun, lassen dich immer wieder müde und inkonsequent werden.

Allein schaffst du es nicht. Das bestätigen Menschen, die jahrelang selbst in dieser Not, in dieser Abhängigkeit gelebt haben, die auch ganz tief unten gewesen sind.

Zunächst einmal sollst du wissen, daß es immer wieder Menschen geschafft haben und trotz ihrer Vergangenheit zu glücklichen Menschen wurden.

Zu all den wichtigen menschlichen und medizinischen Hilfen wurde ihnen der Glaube an einen Sinn des Lebens über den Tag und über den Tod hinaus zur tragfähigen Brücke – wieder fest in den Alltag eingegliedert werden zu können.

In ihrer menschlichen Not, Beschämung und Belastung, in einem totalen Zusammenbruch wurde der praktizierte Glaube an Gott, an einen persönlichen Gott, zu einem neuen Licht, zu einer wirklichen Hoffnung. Mit ihm zusammen haben sie die Fessel zerschnitten, sind sie aus ihrer Verstrickung langfristig und für immer herausgekommen.

Auch dir ist Gott in dieser Situation sehr nahe. Er will, daß du wieder auf die Füße kommst. Daß du wieder froh sein kannst, unbeschwert und frei. Sicherlich, das kostet sehr viel, das kostet immer wieder. Aber was nachgeworfen wird, ist auch nicht viel wert. Gott ist für dich ans Kreuz gegangen. Hat dir sein Herz ausgeliefert. Höher kann er dich nicht aufwerten.

Gott liebt uns nicht, weil wir gut sind. Wir sind gut, weil Gott uns liebt – wie immer wir auch einmal vor ihm stehen werden ...

Ihr habt gut reden

Du bist verbittert.
Unzugänglich.
Du schlägst um dich.
Denn
du fühlst dich zurückgesetzt.
Als Außenseiter.
Von Gott und dem Leben
verraten.
Du findest
dich nicht attraktiv.
Nicht sympathisch.
Nicht begehrenswert.
Die dir Mut machen und
dir helfen wollen,
denen sagst du:
Ihr habt gut reden.
Ihr seid anders.
Ihr würdet euch auch so benehmen,
auch so fühlen,
auch so handeln
an meiner Stelle.

Warum sehe ich nicht so gut aus
wie andere!
Warum kann ich mich nicht so bewegen
wie andere!
Nicht so auftreten
wie andere!
Freunde haben
wie andere!
Erfolg haben
wie andere!
Lachen
wie andere!
Mich freuen
wie andere!
Glücklich sein
wie andere ...

Ich schreie und ich weine,
aber es ändert sich nichts.
Ich bleibe ja doch
so – wie ich bin.
Ich bleibe Ich.
Warum eigentlich?
Warum ich?
Ich ...

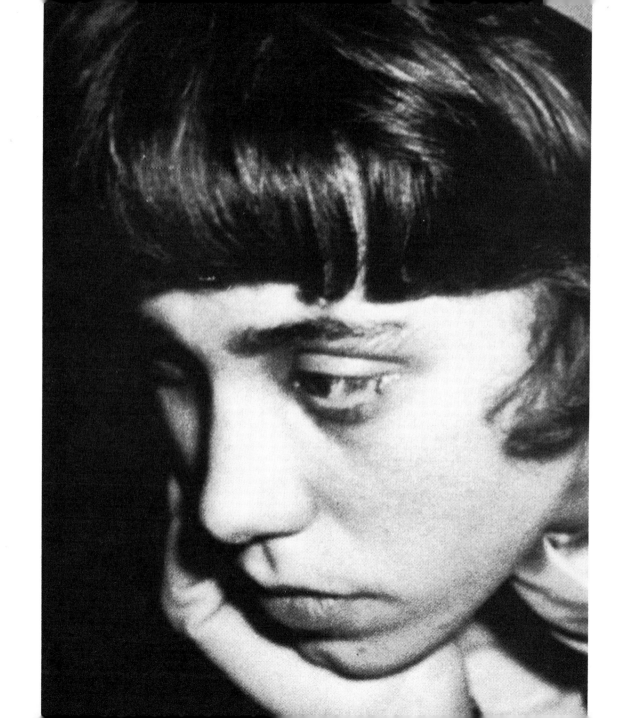

Hier möchte ich glücklich sein

Gott liebt uns so, wie wir sind.
Nicht, weil wir etwas Besonderes an uns haben;
schön sind oder intelligent, reich oder prominent,
attraktiv, sympathisch und begehrenswert.
Er liebt uns mit unserem Äußeren:
mit unserem Gesicht und unserer Figur;
in unseren Fehlern und in unseren Schwächen.
Für ihn gibt es keine Proletarier des Lebens.
Für ihn gibt es keine Fehlkonstruktion.
Für jeden Menschen ist er ans Kreuz gegangen.
Jedem Menschen sagt er ganz persönlich,
auch dir, wieviel gerade du ihm wert bist.
Auf diese Liebe ohne Wenn und Aber,
auf dieses Angenommensein,
auf dieses Ernstgenommensein –
darauf kommt es an.

Sage nun nicht: Was habe ich davon?
Steigere dich nicht blind in die Forderung:
Hier möchte ich glücklich sein.
Hier möchte ich lieben.
Hier möchte ich geliebt werden.
Hier bin ich Fleisch und Blut.

Gott verlangt, daß du dein Leben
in den Schritten gehst, die dir passen.
Darin liegt sein Auftrag an dich
und darin auch deine Größe, deine Bedeutung,
deine Originalität, deine Berufung.
Wenn du dich und dein Leben annimmst –
unter seinem Blick –,
kannst du mehr leisten als Politiker,
Manager, Zukunftsmacher, Stars und Idole.
Denn deine große Aufgebrochenheit,
dein schmerzliches Hoffen und Sehnen,
deine sich verzehrende Existenz
tragen in besonderer Weise das mit,
was seine Erlösung begonnen hat.
Deine Verlegenheiten, deine Grenzen
können zu den großen Gelegenheiten Gottes werden,
weil Gott das Starke, das Mächtige,
das Große, das Angeberische
durch das menschlich Kleine und Schwache
beschämt ...

Deshalb:
Höre auf damit, das Leben anderer zu beneiden,
deren vermeintliches Glück kopieren zu wollen.
Gib es dran, Gott und den Mitmenschen
bei jeder Gelegenheit heimzuzahlen,
daß du nicht so bist,
wie du dich erträumst.
Damit steuerst du dich in eine Sackgasse hinein,
aus der du nicht mehr herausfindest.
Damit bringst du dich um ein sinnerfülltes Leben.
Damit bringst du dich auch um die Menschen,
die immer noch und immer wieder zu dir stehen.
Solange du dich nicht annimmst,
solange du dich nur
fortwünschen und fortwerfen möchtest,
kannst du nicht nach oben kommen,
wirst du irgendwann total erschöpft,
verbraucht und abgelebt sein ...
Reihe in deinem Leben nicht verzweifelt Stunden,
Tage und Jahre aneinander.
Fülle deine Zeit, deine Stunden, Tage
und Jahre mit dem, was du wirklich tun kannst
und wozu dir andere helfen wollen.
Mach die Augen auf.
Fang an damit ...

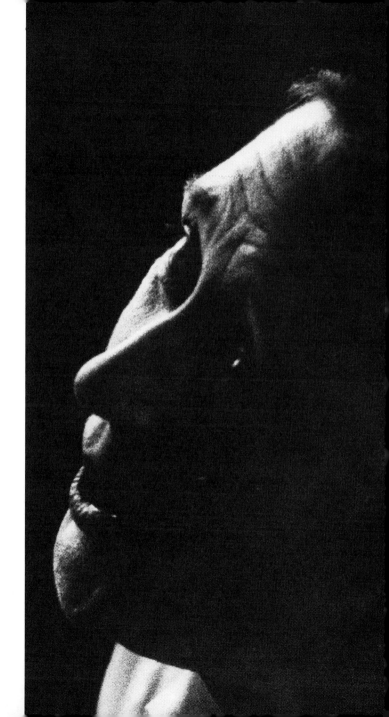

Last, Versuchung, Gefahr

Jedes Leben
hat seine Last.
Seine Mißgebildetheit.
Seine Wunden.
Seine blutenden Stellen.

Wir alle leiden an unserer
je eigenen Verfaßtheit.
Es ist nicht alles Gold,
was glänzt.
Freude, was lacht.
Glück, was strahlt.

Was für den einen beim anderen
nach Glück aussieht,
nach Erfolg und Leben,
ist in Wirklichkeit für
den Adressaten
zu teuer bezahlt.
Verbunden mit viel Sorge,
Versuchung, Gefahr, Lüge,
Enttäuschung und Einsamkeit.

Was für den einen
Enge, Grenze, Durchschnitt
oder noch darunter bedeutet,
ist vom anderen ersehnt als
weniger Aufwand, weniger
Verpflichtung, weniger Versuchung,
weniger Verantwortung, weniger
Gefahr und Einsamkeit,
weniger Gelebtwerden –
ist ersehnt als
mehr Zeit,
mehr Ruhe,
mehr Leben,
mehr
Er-Selbst ...

Was kümmert's ihn?

Das Karussell,
es dreht sich.
Der Mensch spürt es nicht,
er lebt so dahin,
lebt und denkt nicht viel,
das Karussell –
was kümmert's ihn?

Aber die anderen,
sie spüren es,
sie wollen es stoppen,
wollen abspringen,
es ist niemand da, der hilft;
allein?
Sie schaffen es nicht allein;
sie sind allein,
einsam,
keiner sieht sie.

Das Karussell,
es dreht sich,
dreht sich weiter,
und der Mensch,
er lebt dahin,
fragt nicht viel,
denn:
das Karussell –
was kümmert's ihn?

A. Salentin

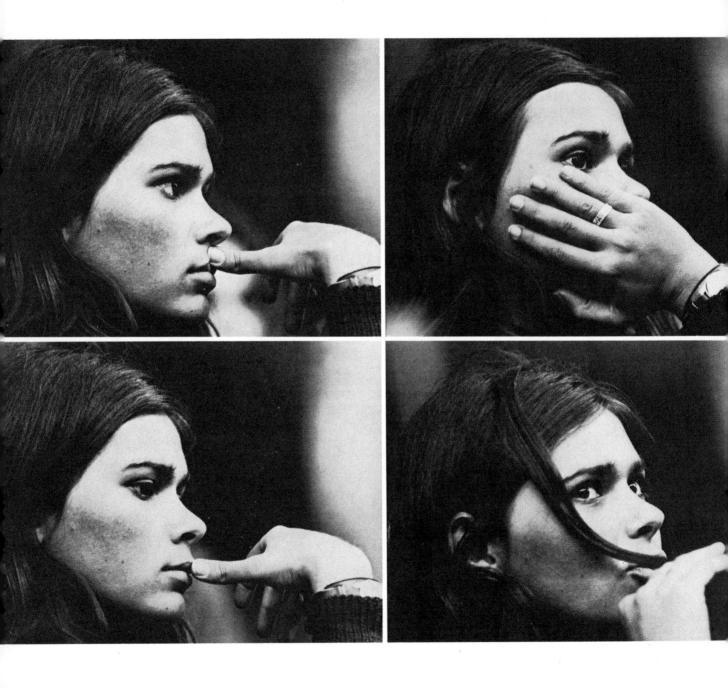

Du aber kennst mich

Dich, den wir Gott nennen,
wie wenig wir dich auch begreifen,
was wir auch immer meinen, wenn
wir dich an- und aussprechen ...
Du weißt um mich.
Du kennst meinen Namen.
Du kennst mein Gesicht.
Du weißt, was sich dahinter verbirgt.
Du weißt, wie es wirklich um mich steht.
Wie es in der Tiefe meines Herzens
ausschaut.

Du weißt um meine große Sehnsucht,
das Leben nicht einfach so
an der Oberfläche passieren zu lassen.
Von ihm lediglich abgespeist zu werden,
sondern es mit wirklich
bleibendem Inhalt zu füllen.

Du weißt um meine heimliche Not,
in vielen Situationen ohnmächtig
dazustehen. Einfach mitgenommen,
einfach gelebt zu werden,
ohne mich wirksam zur Wehr zu setzen,
weil ich zu bequem,
zu eingefahren und schon
zu festgelegt bin.

Du weißt um die tiefe Unzufriedenheit,
in der ich mich nicht damit abfinden will,
in der ich es nicht hinnehmen kann,
nur gehetzt, gejagt, getrieben, gestreßt
und einfach über meinen Kopf hinweg
verplant und manipuliert zu werden.
In der ich es nicht zulassen will,
in der ich mich auflehne dagegen,
namenlos zu sein, bloß eine Nummer,
eine Unbekannte, ein Rädchen
im Getriebe der Welt zu sein.

Du weißt um meinen Glauben,
der davon lebt,
von dir gehalten, gekannt und geliebt
zu werden. Auch dann von dir
akzeptiert zu sein,
wenn die äußeren Dinge des Lebens
keinen Halt mehr bieten.
Wenn das zwischen den Händen zerrinnt,
woran ich mich oft
kindisch geklammert habe.
Wenn ich spüre, daß das Leben und die Menschen
an mir vorübergehen
und ich unbedeutend
geworden bin.
Wenn ich zu spüren bekomme,
was es heißt,
abtreten zu müssen.
Nicht mehr vorne zu sein.
Wenn ich zu spüren bekomme,
was es heißt,
einsam und mutlos,
verwundet und enttäuscht,
klein und vergessen,
krank und einsam,
müde
und am Ende zu sein ...

Last der Liebe

Es ist Last der Liebe,
die Ehe plötzlich durch Gewohnheit
und Phantasielosigkeit
leer und ausgehöhlt zu erkennen, nur noch in einem
äußeren Gebäude des Zusammenhaltes zu leben,
ohne die feurige Seele von einst.
Es ist Last der Liebe,
die heranwachsende Tochter in der Drogen-
abhängigkeit zu erleben
und ihr dennoch nicht die Liebe zu entziehen.
Es ist Last der Liebe,
einen Sohn im Gefängnis zu haben und trotz allen
und vor allen sich zu ihm zu bekennen
und ihm zu verzeihen. Es ist Last der Liebe,
die Enttäuschungen nicht zu tragisch zu nehmen.
Sie nehmen uns die Illusion,
daß unsere Vorstellungen die allein richtigen sind.
Es ist Last der Liebe,
wenn die alternde Frau erfährt, ihr Mann liebt
nebenher eine andere und wenn sie aus Treue
und Überzeugung dennoch zu ihm hält.
Es ist Last der Liebe,
wenn Kinder ihre Mutter dem Alkohol verfallen
erleben, weil sie das Alleinsein nicht mehr schafft.
Es ist Last der Liebe,
wenn Eltern ihren Sohn als gleichgeschlechtlich
annehmen und wegen dieser Veranlagung
vielleicht auf die erwünschten Enkelkinder
verzichten müssen.
Es ist Last der Liebe,
wenn der noch relativ rüstige Mann
schwer erkrankt und
er auf die liebevolle Pflege seiner Frau angewiesen ist
und er hart und verschlossen und lieblos wird.
Es ist Last der Liebe,
wenn das Alter Krankheiten bringt, die das Leben
aus den gewohnten Bahnen wirft.
Es ist Last der Liebe,
wenn ein junges Paar heiraten muß,
weil sich das neue Leben angemeldet hat,
und es dadurch ins Gerede der Leute kommt.
Es ist Last der Liebe,
der Treue und den gemeinsamen Jahren
den Vorrang zu geben,
auch wenn die Verlockungen nach fremden Früchten
noch so groß sind.
Es ist Last der Liebe,
wenn das Alleinsein so schwer wird,
daß die Versuchungen
nach bezahlten Zärtlichkeiten riesig werden.
Es ist Last der Liebe,
wenn Opfer und Verzicht verlangt werden,
um die Liebe zu retten.
Es ist Last der Liebe,
wenn der priesterliche Dienst in der Ehelosigkeit
seine Schwierigkeiten und Probleme bringt.
Es ist Last der Liebe,
wenn so viel guter Wille mißverstanden und so viele
guten Werke nicht anerkannt werden.
Es ist Last der Liebe,
daß die Liebe in dem strahlenden Licht
der Freude auftritt
und auch in den schillernden Farben
lockender Irrlichter lebt.

P. Hans Wallhof

Spürst du, wie fertig wir sind

Gott, unser Gott, spürst du, wie fertig wir sind!
Wie müde, wie hilflos, wie leer und zerbrochen!
Wir suchen verzweifelt nach einem Weg.
Wir haben uns verloren und möchten, daß alles wieder gut wird.
Es muß zu einer Entscheidung kommen – bald!
Der Liebe wegen. Des Sakramentes wegen. Der Kinder wegen. Unserer Selbst wegen.
Wir brauchen eine neue Grundlage, um wieder leben zu können. Und wirklich leben werden wir dann, wenn wir aufhören, gegenseitig zu mauern. Aufhören, gegenseitig Verschulden vorzuwerfen und aufzurechnen. Aufhören, Methoden zu praktizieren, die unglücklich machen, weil sie aushungern und das Leben nehmen.
Gott, unser Gott, verzeihe uns, daß wir erst jetzt wach werden! Der ständige Austausch von Gereiztheiten war jahrelang die Klammer, die uns zusammenhielt. Doch nun können wir nicht mehr. Das muß aufhören! Jetzt schreit in uns die Frage:
Was haben wir eigentlich gewollt? Was haben wir bloß gesucht? – Vielleicht immer nur uns selbst? Unseren persönlichen Vorteil? Unsere Befriedigung? Vielleicht sind wir auch nur – in unsere Bindung hinein – vor etwas davongelaufen.
Trotzdem: wir hatten auch viel Schönes miteinander. Das dürfen wir nicht unterschlagen. Aber irgendwann haben wir damit begonnen, uns nur noch anzuschreien. Uns nur noch zu verletzen. Uns nur noch weh zu tun. Doch nun, vollkommen auf den Knien, bitten wir um die Kraft, uns wieder wie Erwachsene benehmen zu können. Uns nicht noch mehr zu verkrampfen ... Uns einfach wieder annehmen zu können.
Hilf uns bei der Suche, uns wieder zu finden! Uns wieder zu entdecken – auch und gerade in den kleinen Dingen unseres alltäglichen Zusammens, das jeden Glanz und jedes Begehren verloren hat. Hilf uns dabei, wohin denn sollen wir noch gehen können?

Sie wollen sich scheiden lassen

Sie wollen sich scheiden lassen.
Nach vielen Jahren des Miteinander
möchten Sie Ihre Ehe hinwerfen.
Einen endgültigen Schlußstrich ziehen.
Sie wollen Ihr Haus, Ihre Familie
verlassen.
Sie tun dies nicht unüberlegt.
Aber nun glauben Sie, es einfach nicht
mehr durchhalten zu können.
Nur die Kinder haben Sie bisher von
diesem Schritt zurückgehalten.
Haben Sie eine Vorstellung von dem,
was Sie erwarten wird?
Sie lassen ein Haus zurück.
Gemeinsam haben Sie es aufgebaut
und als Daheim eingerichtet.
Sie lassen den Menschen zurück,
dem Sie sich ein Leben lang
versprochen haben
in guten und in bösen Tagen.

Sie lassen Ihre Kinder zurück,
die Sie dringend brauchen.
Es ist nicht sicher, ob Sie
eine neue Heimat, eine neue Existenz
finden werden.
Die Freunde von gestern,
die Freunde von heute,
sind in den seltensten Fällen
auch die Freunde von morgen.
Die Menschen vergessen sehr schnell.
Das Leben ist nach Ihrer Hochzeit
weitergegangen – Monat um Monat,
Jahr um Jahr.
Sie könnten in eine Umgebung geraten,
die viel fremder, viel härter, viel
kälter ist als die, die Sie jetzt
abschreiben wollen ...

Es sollten wirklich alle Stricke gerissen sein

Sie wollen es mit einem anderen versuchen.
Aus der Ferne sieht sich ein Partner
viel begehrenswerter, sympathischer, attraktiver
und viel besser an als der eigene.
Der Abstand taucht ihn in ein Licht,
das so nicht immer scheint.
Schweres kommt erst gar nicht hoch.
Schattenseiten bleiben ausgeblendet.
Nur das Schöne, das Andere,
das Unbeschwerte stehen im Vordergrund.
Hinterher,
wenn aus der Ferne
Nähe,
aus der Vorstellung
Wirklichkeit
geworden sind,
nicht mehr nur Vorstellung,
Träume und Hoffen bestimmen,
sondern auch in dieser Beziehung
harter Alltag den Ton angibt,
fallen die Illusionen,
wird vieles entlarvt und deshalb gewöhnlicher,
ärmer, farbloser und sachlicher;
stellt sich heraus,
daß die Wirklichkeit nirgendwo nur
Lachen und Freude, Sonne und Wärme kennt,
sondern überall
Spannungen auftreten, Wolken aufziehen,
Atmosphäre sich staut, Gewitter sich entladen,
Weinen und Kummer, Trauer und Wut,
Verzweiflung und Enttäuschung
Gast im Hause sind.
Mit leeren Händen auf freiem Fuß
läßt sich nicht leben. Und es sollten
wirklich alle Stricke gerissen sein,
ehe Sie das, was Sie bisher hatten,
aufs Spiel setzen.
Zudem:
Ihre persönlichen Schwierigkeiten
nehmen Sie mit.
Und lösen werden Sie diese wahrscheinlich nicht.
Das Bewußtsein: geflohen
und ausgestiegen zu sein,
resigniert zu haben,
wirkt wie ein schleichendes Gift
und könnte Sie nach Jahren
noch unglücklicher machen.

Jeder Tag genügt sich selbst

In jedem Leben gibt es Dinge, die so furchtbar zusetzen, so treffen und mitnehmen können, daß man meint, es einfach nicht mehr aushalten, es einfach nicht mehr glauben zu können, daß es noch einen Sinn geben könnte, für den es sich lohnte zu leben.
Durch ständiges Fragen nach dem Warum und Warum-gerade-Ich, das quälende Aufbäumen und den ohnmächtigen Protest im Vergleich mit anderen, die es angeblich so gut haben, durch das bange In-die-Zukunft-Schreien: wie denn das alles noch enden wird ... lösen sich unsere Probleme nicht.
Jeder Tag genügt sich selbst.
Zunächst einmal muß das jeweilige Heute bestanden werden. Für dieses Heute erhalten wir die notwendige Kraft. Diese Kraft fließt uns nicht im voraus zu. Wir hätten sie wahrscheinlich schon frühzeitig ausgegeben und durchgebracht. Und dann stünden wir in entscheidenden Situationen mit leeren Händen da. Wir erhalten Kraft und Ausdauer, die bis zum Abend reichen. Wir dürfen allerdings nicht immer nur etwas vom anderen für uns erwarten. Wir müssen schon das unsere zum Gelingen beitragen.

Auch Sie werden nicht über Ihre Verhältnisse hinaus gefordert. Auch für Sie reicht es immer wieder für das Heute.
Krisen sind nicht dazu da, ihnen nachzugeben und schnell alles hinzuwerfen. Krisen sind ein Anruf, sind Anfrage. Sie können Chance bedeuten.
Keiner kann Sie moralisch nötigen, eine Bindung aufrechtzuerhalten, die für Sie eine Hölle ist und auch vor Gott nicht mehr verantwortet werden kann. Aber Sie sollten die Türe noch nicht für immer zuwerfen.
Sie sollten ehrlich und mit Hilfe anderer gemeinsam prüfen,
ob wirklich nichts mehr da ist,
was einen Neuanfang wagen und
rechtfertigen könnte,
ob wirklich alles zerstört ist,
was Sie einmal verbunden hat.
Ob Ihre Beziehung als Mann und Frau,
als Vater und Mutter
wirklich
hoffnungslos
zerrüttet ... ist.

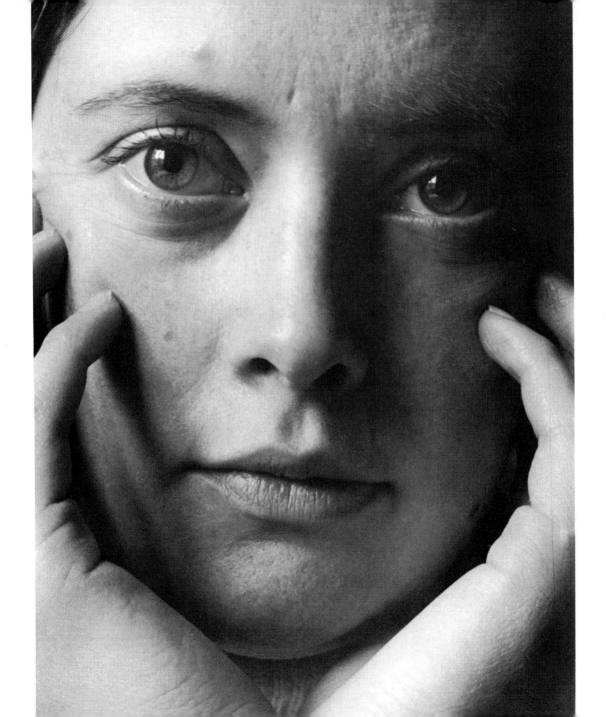

Eine Illusion zerbricht

Wer den anderen beschlagnahmt,
fesselt und bindet,
ihn in seine eigenen Vorstellungen
hineinpressen und total anpassen will,
zerstört den anderen.
Die Folge:
Es gibt keine Wir-Beziehung.
Keine Partnerschaft.
Kein Zueinander.
Kein Miteinander.
Kein gemeinsames Leben.
Man sagt nur ich,
aber nicht du.
Man sucht nur sich,
aber nicht den anderen.

Weil das jede menschliche
Beziehung zum Tode verurteilt,
müssen wir unseren Partner in seiner Wirklichkeit,
in seinem Eigensein sehen.
So wie er ist und nicht
wie wir wünschen, daß er sein soll.
In seinem Sosein müssen wir ihn annehmen,
akzeptieren und einordnen.
Sonst erliegen wir einem Traumbild,
einer Illusion, die im täglichen
Leben zusammenbrechen.
Ein Traumbild, eine Illusion
kann man nicht durchhalten.
Man bringt sich um den anderen
und damit auch um sich selbst.
Man verliert das Eigentliche,
weil man den Menschen ausklammert.
Und dann ist irgendwann
nichts mehr übrig von dem,
was einmal zusammengeführt hat.

Schwerer als Worte es sagen

Zum gemeinsamen Leben gehört,
daß wir uns zum anderen auf den Weg machen –
jeden Tag.
Daß wir nicht vor ihm weglaufen,
sondern ihn annehmen und ernst nehmen –
jeden Tag.
Daß wir uns aber innerlich nicht so von ihm
abhängig machen, daß mit seiner Existenz
der Sinn unseres eigenen Lebens
steht oder fällt.
Dieses Suchen, dieses Aufeinanderzu
sind natürlich schwerer in die Praxis
des Alltags umzusetzen, als der Verstand
die Notwendigkeit dazu einsichtig macht
und Worte das sagen können.
Es liegt an den einzelnen,
in ihrer Misere, in ihren Problemen
Möglichkeiten und Chancen zu sehen.
Soll das Leben gelingen, dann braucht es

Geduld viel Geduld
Mut viel Mut
Ehrlichkeit viel Ehrlichkeit
Offenheit viel Offenheit
Arbeit viel Arbeit
Vertrauen viel Vertrauen
Verantwortung viel Verantwortung
         für jeden
nicht immer nur für den anderen Partner
         in
Glaube viel Glaube
Hoffnung viel Hoffnung
Liebe viel Liebe
         die
auch dann noch durchhält
    wenn sie
nicht
versteht.

Sie hatten sich zur Treue entschieden

Sie hatten sich zur Treue entschieden –
in Gedanken, Worten und Werken.
Sie hatten sich in Freiheit entschieden,
ehrlichen Wissens und Gewissens.
Sie haben gewußt, was Sie taten.
Und nun mußten Sie erfahren, daß Sie
in einer und dann in mehreren Situationen
diese Entscheidung nicht durchgehalten haben.
Sie hatten auf einmal sogar nicht mehr
den Wunsch danach. Ein schlechtes Gewissen zwar,
aber nicht mehr die Kraft,
Sie selbst zu bleiben.
Sie wurden überrumpelt, abgedrängt
und schließlich schuldig.
Es gehört zu uns Menschen, angefochten zu sein,
und wir bleiben es.
Es gehört zu uns Menschen, schuldig zu werden,
und wir werden es.
Es gehört zu uns Menschen, in der Treue
müde zu werden,
und wir werden es.
Aber wir brauchen darin nicht umzukommen.
Die Welt muß nicht zusammenbrechen.
Es gibt Versöhnung und einen je neuen Anfang.
Seien Sie nicht zu stolz, diese Versöhnung
anzunehmen.
Zerquälen Sie sich nicht in gekränkter Eitelkeit,
daß Ihnen – ausgerechnet Ihnen –
das passieren mußte.

Seien Sie dankbar, daß Sie neu beginnen können,
daß Sie neu leben dürfen.
Versuchen Sie in Zukunft so zu leben und so zu sein,
daß Sie auf große Worte, lautes Getöne nach außen
nicht angewiesen sind.
Das sind alles Dinge,
die bei vielen Menschen zusammenbrechen und
nicht mehr stimmen,
sobald sie die Türe ihrer Wohnung
hinter sich zugemacht haben.

Aber dann ist es geschehen

Es gibt Situationen, da geraten wir an Menschen, geraten wir in Ereignisse und Umstände, die uns erst hinterher erwachen und zu spät begreifen lassen, wer uns begegnet und was geschehen ist.
Diese Erfahrung kann uns bis an den Rand des Nochaushaltbaren bringen,
kann uns in schwere Krisen der Glaubwürdigkeit, der Treue und Liebe stürzen.
Aber es gibt keine Begegnung, kein Ereignis, die nicht zum Positiven gewandelt werden können. Dazu ist notwendig, daß wir wenigstens einen Menschen haben, der uns versteht und der uns wirklich liebt.
Der uns auch dann noch abholt und annimmt, wenn wir uns verlaufen haben oder schwer gestrandet sind.
Der weiß: niemand hat ein Recht auf den anderen. Niemand darf sich den anderen ertrotzen oder ihn besitzen wollen, wie man Dinge oder Sachen besitzt. Der andere ist immer geschenkt und aufgegeben.
Gutsein und Liebe erweisen sich dann als echt, erweisen sich dort erwachsen und mehr als bloß fromme Redensart, Sympathie und Gefühl, wo man bereit ist, den anderen aufzurichten und anzunehmen, wenn er geschlagen und beladen zu uns kommt. Ihn auch dann noch mitzutragen, wenn er Situationen nicht bestanden hat, weil er ihnen nicht gewachsen war; in denen er überrumpelt, schwach geworden und hereingefallen ist.

Glück in der Ehe – kann man das lernen?

Ein Mann kommt von der Arbeit nach Hause. Er nimmt seine Frau in die Arme und fragt: „Wie geht es Dir?" Beide freuen sich, daß sie wieder beisammen sind. – Eine erfundene Idylle? Nein! Obwohl es immer mehr Scheidungen gibt (weit über 100000 jährlich), sind viele Ehen glücklich. Fünf Frauen sagen hier, wie sie es schaffen, eine glückliche Ehe zu führen.

Das Gefühl, wichtig zu sein
H. St. aus S., 16 Jahre verheiratet, drei Kinder, empfängt ihren Mann jeden Abend an der Wohnungstür. „Er gibt mir täglich neu das Gefühl, daß ich wichtig bin, und ich gebe ihm jeden Tag neu das Gefühl, wie wichtig er für mich ist. Er hört mir wirklich zu, wenn ich was erzähle, und ich mache mir Sorgen, wenn ihn was bedrückt. Er merkt das."

Das Gefühl, geborgen zu sein
E. G. aus H. muß sich als Abteilungsleiterin einer großen Handelsfirma gegen Männer durchsetzen. Sie ist seit 18 Jahren mit einem Beamten verheiratet. Die G's haben keine Kinder. Sie erzählt: „Abends nimmt er mich erst mal in den Arm, und dann weiß ich, alles ist gut. Er geht auf meine Wünsche ein, und ich bemühe mich, seine Wünsche zu erahnen. Gibt es im Haus, mit Nachbarn oder so Schwierigkeiten, ist er immer zur Stelle. Ich fühle mich ganz einfach gut aufgehoben, und das macht glücklich."

Das Gefühl, etwas gemeinsam zu leisten
S. F. aus E., 21 Jahre, ist erst seit 14 Monaten verheiratet: „Ich bin heute so glücklich wie am ersten Tag und ich weiß auch, daß es so bleibt", sagt sie. Die junge Frau und ihr Mann arbeiten gemeinsam in ihrer gepachteten Tankstelle. „Mir ist keine Arbeit zuviel, und er versucht, mir soviel Arbeit wie möglich abzunehmen. Das Gefühl, sich ideal zu ergänzen, das ist es wohl, was glücklich macht."

Das Gefühl, geliebt zu werden
„Wichtig ist", sagt G. B. aus K., „daß einer dem anderen seine Liebe auch zeigt, seine Gefühle offenbart. Man darf sich dessen nicht schämen. Mein Mann sagt mir oft, wie glücklich ich ihn mache, und ich sage ihm ebenso oft, wie sehr ich ihn liebe..."

Das Gefühl, verstanden zu werden
H. W. aus F., 41, vier Kinder, 17 Jahre verheiratet: „Ich kann mit ihm über Ärger und Probleme mit den Kindern sprechen. Er drückt sich nicht vor der Verantwortung, vor Aufgaben. Er hat Verständnis, wenn ich nach einem harten Tag mal mißgelaunt und müde bin. Ich versuche dafür, so wenig wie möglich zu jammern. Das Wunderbare an einer Ehe ist das Gefühl, verstanden zu werden und Verständnis zu haben."

Was haben wir falsch gemacht?

„Wenn Kinder klein sind,
treten sie der Mutter
in den Schoß.
Wenn sie erwachsen werden,
treten sie ihr
ins Herz."

Wir haben uns als Eltern alle erdenkliche Mühe
gegeben,
Euch, die Kinder, in unserem Sinne,
nach unseren Vorstellungen zu erziehen –
religiös und menschlich.
Und das nicht irgendwie aus dem Ärmel heraus,
sondern auf dem Hintergrund unserer Erfahrung
von und mit dem Leben.
Nun habt ihr euch, unsere Kinder,
gerade von diesen Vorstellungen und Werten abgesetzt.
Ihr geht Wege,
die uns schlaflose Nächte bereiten,
die unser Familienleben belasten,
die unsere Krankheit sind.

Da ist der geschiedene Mann,
die geschiedene Frau.
Da ist der religiös vollständig
gleichgültige Partner,
die andersgläubige Freundin.
Ihr lebt zusammen ohne Trauschein,
ohne Ring, ohne die Absicht,
in absehbarer Zeit zu heiraten.

Ihr sagt,
was soll ein Fetzen Papier,
wenn wir uns doch lieben.
Ihr sagt,
schließlich müssen wir ja ausprobieren,
ob wir überhaupt zusammenpassen und
eine Ehe führen können.
Ihr sagt,
Kinder wollen wir nicht,
wir möchten etwas von unserem Leben haben.
Das alles wollten wir vermeiden.
Glaubt es uns, nicht eines vordergründigen
Interesses wegen, nicht um euch zu gängeln
oder festzuhalten. Wir wollten euch Risiken
und Schwierigkeiten ersparen, die ihr jetzt
noch nicht absehen könnt.

Oft wollte wir mit euch darüber sprechen.
Aber ihr habt uns nicht an euch herangelassen.
Abwehr und Unmut waren die Ernte
unserer Bemühungen ...

Und was sollten wir auch schon viel gegen
eure „Argumente" ausrichten:
Aber
wir lieben uns doch.
Und
das ist unser Leben.
Und
dafür werden wir geradestehen.

Zu allen Sorgen quält uns
die Frage:
Was haben wir falsch gemacht?

Müssen wir uns so zerquälen?

Vater, du, den wir so ansprechen dürfen,
müssen wir uns so zerquälen?
Wir haben religiös nicht abgehängt.
Wir haben unseren Glauben durchgehalten
im gemeinsamen Gebet,
im religiösen Gespräch,
im Umgang miteinander.
Wir haben dabei nicht bloß Worte gemacht.
Wir haben nicht bloß von dir gesprochen.
Wir haben dich nicht zur Diskussion gestellt.
Du kamst und du kommst wirklich bei uns vor.

Laß uns nicht in zermürbende Traurigkeit verfallen.
Denn gerade in dieser Situation,
die uns aus den Händen geglitten ist,
sehen wir uns in der Nachfolge Jesu Christi
eng mit dir verbunden.
Auch er hat bei denen, die er sich vertraut
gemacht hatte, nicht das erreicht,
was er ihnen vorgelebt hatte
und was er von ihnen
hätte erwarten können.
Petrus hat ihn aus Feigheit verraten
und in entscheidenden Situationen
kläglich versagt.
Judas hat ihn aus enttäuschter Liebe
seinen Henkern ausgeliefert.

In der schweren Stunde am Ölberg,
wo er so notwendig
auch menschliche Zuwendung gebraucht hätte,
haben seine besten Freunde –
nicht weit von ihm weg – seelenruhig geschlafen.
Unter dem Kreuz haben sie ihn
ganz erbärmlich allein gelassen.

Und trotz allem hat sich seine Liebe durchgesetzt.
Und so wissen wir: deine Liebe
umfängt auch unsere Kinder.
Deine Liebe ist bei ihnen, obwohl
– nein, nicht nur obwohl, sondern gerade deshalb –
sie ihre eigenen, selbstgesuchten Wege gehen und
sich nicht mit deiner Kirche identifizieren.

Nimm unser Beten an – für sie,
denn sie sind ja unsere Kinder.
Laß uns für sie einstehen,
denn wir sind ja ihre Eltern.
Als Vater und Mutter hast du sie uns anvertraut.
Als Vater und Mutter nehmen wir dich
beim Wort deiner Liebe.
Als Vater und Mutter spricht unser Herz
zu deinem Herzen
für sie,
unsere Kinder ...

Ich bin auf euch nicht angewiesen

Sie haben mich gewollt,
doch bin ich nicht ihr Eigentum,
auch kein Besitz, worüber man
verfügen kann, beliebig.
Ich hab mir das verbeten und mich abgesetzt.
Ich bin nicht auf sie angewiesen,
nicht auf ihr Geld, ihr Haus, ihr Auto.
Das hab ich ihnen dann erklärt an einem Abend,
als es mir wieder mal nicht paßte.
Doch hinterher, da taten sie mir leid.
Sie sahen mich so hilflos an
und sagten kein Wort.
Ich konnte richtig sehen, wie sie dachten:
Was haben wir nur falsch gemacht mit dir?
Als dann die Tür laut hinter mir
ins Schloß fiel,
kam mir das alles sinnlos vor.
Ich hätte ja schon früher reden können,
vor langer Zeit, und auch sie reden lassen, fragen,
sie müssen doch auch einmal wie ich gewesen sein.
Und haben auch vielleicht darauf gewartet,
daß jemand für sie da war,
bereit, noch einmal anzufangen ...

Irmhild Bärend

Ausgerissen

Du hast es getan
ganz plötzlich
ohne besonderen Grund.
Ausgerissen
ganz einfach ausgerissen.
Du wolltest einmal
frei sein
ungebunden
ohne jeden Zwang
ohne
die schützende Hand der Eltern
ohne Leistungsdruck
in der Fabrik.
Du fuhrst weg
ohne Geld
ohne Habseligkeiten
ohne Konzept.
Nach einigen Tagen dann
genauso plötzlich
wußtest du
daß alles falsch war
daß keiner
so leben kann
wie es ihm paßt.
Daß du unter gewissen
Bedingungen leben mußt
egal
ob sie dir
genehm sind oder nicht.
Und dein Entschluß
zurückzukehren
stand fest.
Doch da war die Angst
die Angst
vor dem Zurück
die Angst vor den Eltern
vor dem Arbeitgeber
vor den Arbeitskollegen.
Die Angst vor der Strafe
vor der Verachtung
vor der Verhöhnung.
Doch das andere war stärker
du schriebst deinen Eltern
einen ausführlichen Brief
und dann kamst du nach Hause.
Es war 19.47 Uhr
als du die Türschwelle betratest
sie hatten dich erwartet
beide
Vater und Mutter
und sie sagten kein Wort.
Die Mutter hatte Tränen
in den Augen
und der Vater
er legte ihm den Arm
nur einen Augenblick lang
um die Schulter.
,,Komm"
sagte er
nur dieses eine einzige Wort
aber es war mehr
als tausend Worte
sagen können...

Hans Orths

Auf der Grundlage flüchtiger Bekanntschaft

Sie haben eine wehtuende Erfahrung
hinter sich.
Wieder einmal mehr haben Sie
zu spüren bekommen,
daß sich eine echt menschliche Beziehung
zwischen Mann und Frau
nicht auf der Basis
flüchtiger Bekanntschaft,
nicht auf der Grundlage
hastig wechselnder Flirts
aufbauen läßt.

Und nun fühlen Sie sich
traurig,
verwundet,
enttäuscht,
einsam,
schäbig,
ausgenutzt.
Der andere
ist gegangen.
Sie sind
zurückgeblieben ...

Als Frau betrogen

Das Erleben von Geschlechtlichkeit
greift tief in die letzte Faser
Ihrer leib-seelischen Einheit.
Wenn Sie sich ganz in dieses Erleben investieren,
geht es dabei nicht isoliert um die Befriedigung
geweckter und Sie erregender Lustgefühle.
Es geht auf einmal ganz um Sie selbst.
Sie geben nicht etwas von sich weg.
Sie geben sich ganz.
Wenn Sie dann erfahren müssen:
bei meinem Partner ist das anders.
Er will ja gar nicht mich.
Er sucht meinen Körper, mein Geschlecht,
und wenn er seine Befriedigung hat,
geht er wieder davon,
verlängert er diese Begegnung, dieses Zusammen
nicht in den Alltag,
begreifen Sie zu spät, sich bloß
hergegeben zu haben.

Sie sind sensibilisiert, in Spannung geraten
und können sich nicht erlösen lassen.
Sie sind die Betroffenere.
Sie erreichen Ihr Ziel nicht.
Der andere ist vor Ihnen „dran"
und läßt Sie zurück.
Er nimmt seinen Teil, und Sie sind betrogen.
Ihr Frausein wird sich auf Dauer nicht
täuschen lassen.
Viele, die da hineingeraten, werden irgendwann
von einer erniedrigenden Traurigkeit und bitterer
Enttäuschung befallen,
in denen es dann ja doch nicht mehr darauf ankommt.
Sie geraten bei Männern in ein
schiefes und trübes Licht. Gelten als solche, die
herumgereicht und gehandelt werden,
weil man es mit ihnen
ja machen kann ...

Sexuelle Annäherung

Jeder Mensch hat seine sexuellen Wünsche.
Spürt das geschlechtliche Begehren.
Als reife Persönlichkeit weist sich aus,
wer seine Wünsche, seine Gefühle,
sein Begehren zu kontrollieren und zu binden
versucht.
Ohne ein solches Bemühen,
ohne eine verantwortete Einordnung,
kann die Geschlechtlichkeit großes Unheil anrichten,
kann sie den Menschen entmündigen,
wenn sie sich entfesselt.
Stets lauert die Gefahr, Geschlechtlichkeit
in oberflächlichen und brutalen Sex umzuwerten,
der nur auf kurzfristige Befriedigung aus ist.
Der nur nimmt, aber nicht gibt.

Solch eine Isolierung der Geschlechtlichkeit aber
greift tief in das Herz,
greift tief in das Fleisch und Blut
der Beziehung zwischen Mann und Frau.
Gerade Sie als Frau haben eine entscheidende und
pädagogische Aufgabe, Männer in Schach zu halten,
zu prüfen, worauf diese bei Ihnen
tatsächlich aus sind: auf sexuelle Annäherung
ohne spätere Verantwortung
oder auf Sie als ganzen Menschen.
Erhalten Sie sich Ihre Würde und damit Ihren Wert.
Geben Sie sich nicht einfach her.
Und Sie finden Respekt und Achtung
vor sich selbst
und vor anderen.
Dann sind Sie
wirklich Persönlichkeit
und nicht bloß
billig zu haben.
Dann kann man es
mit Ihnen eben nicht machen,
weil Sie im echten Sinne
emanzipiert,
im echten Sinne Frau sind
wie Männer sie wünschen
und wir sie heute
dringend brauchen.

Schauen Sie nach vorn

Lassen Sie den Kopf nicht hängen.
Schauen Sie nach vorn –
nicht zurück.
Sie sind um eine Erfahrung reicher geworden.
Ziehen Sie Nutzen daraus
und erkennen Sie Ihre Grenzen.
Der Augenblick, in dem Sie sich nicht mehr
in der Hand haben, ist schnell erreicht.
Probieren Sie deshalb nicht immer wieder
die Grenzen Ihrer Belastbarkeit aus.
Denn auch Sie sind sich nie genau sicher.
Auch Sie können sich nie ganz
auf sich selbst verlassen.
Haben Sie keine Angst,
sitzen- oder hängenzubleiben.
Sitzen- und Hängenbleiben werden die,
die sich jedwedem an den Hals werfen,
frei verfügbar sind und sich somit
– harte Worte, aber noch härtere Wirklichkeit –
zum sexuellen Lustobjekt degradieren.
Es gibt Männer, die nicht allererst
Ihren Körper suchen, Ihr Geschlecht.
Die nicht nur Ihre Reize abtaxieren
und Sie dafür haben wollen.
Auf einen solchen Mann aktiv zu warten,
ihn zu suchen oder sich von ihm finden
zu lassen ist nicht Passivität und
nicht vertane Zeit. Es ist die Grundlage,
einen wirklichen Partner zu treffen.
Mit einem solchen Partner werden Sie
eine echte Beziehung aufbauen können.
Mit einem solchen Mann werden Sie dann
ein Zuhause schaffen können
und ein gemeinsames Leben führen,
in dem Sie sich vorbehaltlos
alles schenken können,
dürfen und müssen,
was die Liebe zwischen Mann und Frau
auch in ihren körperlichen Zeichen so reich,
so wertvoll,
so beglückend
machen kann.

Enttäuscht und verzweifelt einsam

Viele Menschen sehnen sich nach einem Partner, der ihnen Zuneigung, Zärtlichkeit und Liebe nicht nur erwidert, sondern auf Dauer möglich macht. – Aber sie bleiben zurück: enttäuscht, allein und verzweifelt einsam.

Viele Menschen werden auf der ehrlichen Suche nach einem Partner fürs Leben ausgenutzt. Die einen nehmen, ohne zu ihrer Verantwortung zu stehen. Bei den anderen bleibt das wehe Gefühl zurück, tief verletzt und verwundet worden zu sein.

Viele Menschen erleiden, daß eine harmonische Freundschaft zerbricht. Sie haben sich gut verstanden. Sind sich sehr nahe gekommen. Haben sich auch im Intimbereich nichts vorbehalten. Und dann ist diese Freundschaft auf einmal doch nicht durchzuhalten. Zurück bleiben Scherben und das bittere Gefühl, sich zu schnell arrangiert zu haben.

Viele Menschen machen die Erfahrung, daß auch Ehe und Familie ein Platz sein können, wo man Seite an Seite mit Menschen, die man lieb hat, zum Verrücktwerden einsam sein kann. Erwartungen erfüllen sich nicht. Hoffnungen fallen immer wieder der Realität zum Opfer. Das Miteinander droht ein Gegeneinander zu werden. Zurück bleiben schmerzhafte Ernüchterung und die Bewährung in mühsamer, glanzloser Alltäglichkeit.

Viele Menschen entdecken plötzlich, daß ihnen ihr Partner doch nicht gehört. Sein Herz schlägt anderswo. Aber sie lieben ihn. Gerade ihn und wollen ihn nicht hergeben. Sie müssen leben in dem Bewußtsein, daß sich Liebe nicht erzwingen läßt. Daß man den Menschen, den man liebt, nicht zum totalen Inhalt seines Lebens machen, den eigenen Lebenssinn nicht mit ihm identifizieren darf. Zurück bleibt eine zerbrechliche Hoffnung, die es in „heiligem Trotz" dennoch immer wieder versucht.

Ein leerer Platz und die Erinnerung

Es gibt Menschen in unserer Umgebung,
auf die werden wir erst aufmerksam,
wenn sie nicht mehr da sind.
Und wenn wir spüren,
was sie für uns bedeutet haben,
ist es sehr oft zu spät.
Dann bleiben nur noch
ein leerer Platz
und
die Erinnerung.

Es gibt Begegnungen in unserem Leben,
die wir in ihrer Wichtigkeit für uns
erst begreifen,
wenn wir sie verpaßt haben.
Wenn das, was als Möglichkeit und Chance
in ihnen
auf uns zugekommen ist,
unerreichbar für uns wurde ...

Und so gibt es auch in unserem Glauben
Wahrheiten, Inhalte und Personen,
die uns erst dann etwas geben,
wenn wir sie in einen konkreten Bezug
zu unserem Alltag rücken.
Wenn sie nicht auf einer anderen Spur
mitlaufen,
sondern mit unserem Leben
und seinen Fragen
zu tun haben.

Josef und Maria

Die Umstände, unter denen Jesus zur Welt kam, waren ungewöhnlich.
Seine Mutter Maria war einem Mann namens Josef verlobt, und als Josef sie heimholte, stellte sich, bevor die Ehe geschlossen war, heraus, daß sie schwanger war durch den Heiligen Geist.
Josef, ihr Mann, der ihr kein Leid zufügen wollte, mochte sie nicht vor Gericht ziehen, gedachte aber, sich in aller Stille von ihr zu trennen.
Während er mit diesem Gedanken umging, erschien ihm im Traum ein Bote Gottes und sprach ihn an: Josef, Sohn Davids, scheue dich nicht, Maria, deine Frau, zu dir zu nehmen, denn um ihr Kind ist das Geheimnis Gottes und seines schöpferischen Geistes. Sie wird einen Sohn zur Welt bringen, den sollst du „Jesus" nennen, das heißt „Helfer". Denn er wird seinem Volk helfen, das so tief in Schuld verstrickt ist ...

Mt 1,18–21 nach Jörg Zink

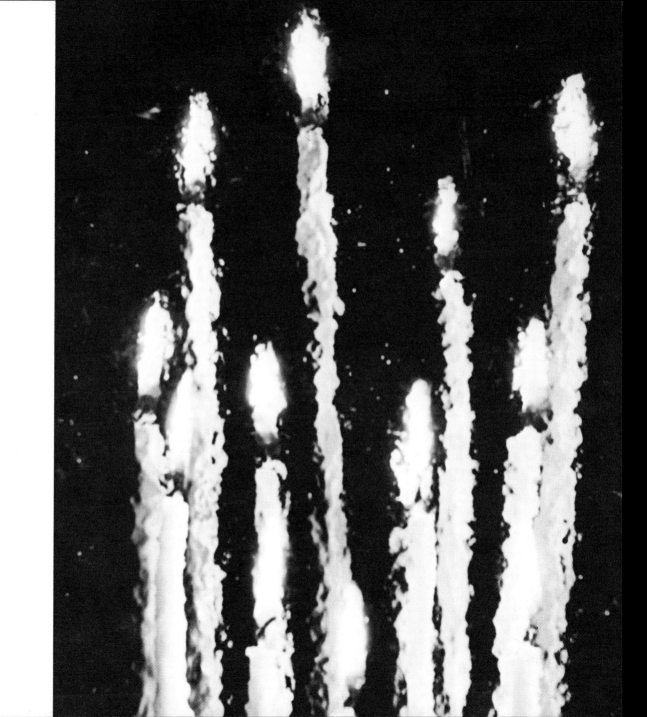

Nichts mit unserem Alltag zu tun?

Immer wieder werden uns Maria, die Gottesmutter,
und Josef, ihr Mann,
über unser Leben gestellt.
Aber gerade zu ihnen ist vielen Menschen jede
Beziehung verlorengegangen.
Sie finden sich in ihnen nicht wieder.
Sie scheinen so weit fortgerückt,
daß sie nichts hergeben können für den Alltag
von uns Menschen des 20. Jahrhunderts.

Aber ist das wirklich so?

Wir müssen uns freimachen von allen Legenden
und gut gemeinten Aufpolierungen,
die um Josef und Maria
im Laufe der Zeit gewachsen sind.
Sie waren gut gemeint.
Aber auch nur gemeint.
Denn in Wirklichkeit verstellen sie den Blick
auf das Eigentliche.
Auf das, was den Alltag dieser beiden Menschen
ausgemacht hat.
Deshalb müssen wir ganz nüchtern zusehen.
Mit den Augen, mit dem Fühlen,
mit dem Erfahren
unseres Alltags.

Wie war es denn wirklich?

Sie erwartet ein Kind

Josef, ein junger Mann, hat Maria kennengelernt.
Sie mögen sich. Mehr als das. Sie wollen heiraten.
Das natürlichste zunächst einmal für einen jungen
Mann und eine junge Frau.
Und sie haben diesbezüglich ganz konkrete
Erwartungen, ganz bestimmte Vorstellungen.
Sie sind glücklich.
Ihr Leben hat einen Sinn. Dieser Sinn ist an ihn,
Josef, und an sie, Maria, gebunden.
Endlich ist es dann soweit. Sie sollen zusammen-
kommen.
Alles ist vorbereitet. Alles ist abgesprochen.
Alles nur noch eine Frage von kurzer Zeit, und die wird
ja auch noch herumgehen.
Doch dann kommt alles anders – ganz anders.
Maria erwartet ein Kind.
Die Hoffnung von Josef auf seine Frau ist zerbrochen –
auf einmal. Sein Lebensinhalt zerstört.
Hat sie ihn so lange hingehalten?
Hat sie ein verstecktes Spiel mit ihm getrieben?
Er hat auf sie gesetzt, ganz.
Nichts und niemand stand zwischen ihm und ihr,
zwischen ihm und seiner Liebe zu ihr.
Und dann hatte sie ...
hatte sie ihn doch betrogen?
Da steht er nun – elend und allein,
vollkommen verunsichert und durcheinander.
Er versteht Maria, er versteht die Welt nicht mehr.
Das darf einfach nicht wahr sein.
Das kann doch nicht stimmen ...

Eine Welt bricht zusammen

Aber er verliert nicht die Kontrolle, verfällt nicht in Hysterie, schlägt nicht gekränkt und verzweifelt um sich. In diesem Augenblick zeigt sich seine ganze Größe und Ritterlichkeit. Zeigt es sich, wie ernst es ihm war mit seiner Liebe zu ihr. – Obwohl eine Welt zusammenbricht und er Maria nach damaligem Recht vollkommen in der Hand hat, macht er ihr keine Szene, will er sie nicht kompromittieren, will er sie nicht bloßstellen, will er ihr nichts heimzahlen, will er sie nicht gefährden ... Er will sie heimlich entlassen ...
Können wir uns vorstellen, was ihn das gekostet haben muß? Sein Lebensinhalt zerstört – und er schweigt.
Aber – und das ist das Entscheidende: es ist nicht bitter, dieses Schweigen. Es ist nicht diktiert von ohnmächtigem Trotz, der alles nur noch schlimmer macht, weil er blind und wütend zuschlägt.

Sein Schweigen gibt Maria die Chance, neu anzufangen, was auch immer ist. Sie soll sich nicht verpflichtet, nicht beschlagnahmt, nicht im Schraubstock fühlen ... Sie soll gehen können.
Er tritt zurück. Er macht Platz. Er läßt sie frei. Auf ihn kommt es jetzt nicht so sehr an. Er hat begriffen, daß es jetzt nur noch um sie geht, um Maria, seine Frau, die einmal sein Lebensinhalt, sein Glaubensbekenntnis war. Der Angelpunkt seiner Männlichkeit, seiner Sehnsucht und seiner Träume.
Ihr gilt es jetzt zu helfen, auch wenn dabei seine menschlichen und männlichen Erwartungen an sie als Frau und an das Leben mit ihr anders eingeordnet werden müssen.
Mit seinem „Herr, da bin ich" beginnt die Geschichte, beginnt die Größe dieses Mannes ...

Um damit fertig zu werden

„Herr, da bin ich" – mit diesem Wort beginnt die Geschichte, beginnt die Größe Mariens.

Auch sie hatte alles aufs Spiel gesetzt. Und sie wußte sehr wohl, was das nach sich ziehen mußte: ihr Ruf zerstört, ihre Familie belastet. Dem liebsten Menschen, ihrem Mann, an dem sie so sehr hing, eine einzige, quälende und schmerzliche Frage. Und: auch ihre fraulichen und menschlichen Erwartungen an Josef mußten anders eingeordnet werden.

Um einen solchen Alltag bestehen zu können, um damit fertig zu werden und leben zu können, brauchte sie einen Mann an der Seite, der spürte, wie sie, daß es im Leben mehr geben muß als das, was man sich erobern, erzwingen und auf die Seite schaffen kann.

Maria und Josef haben sich total zur Verfügung gestellt. Sie fragen nicht mit offener Hand: was bekommen wir dafür!

Ihr Leben ist alles andere denn eine idyllische, kitschige oder rührende Geschichte. Sie stehen mit beiden Füßen auf der Erde und in der Wirklichkeit. Sie werden hart gefordert. Nichts bleibt ihnen erspart. Aber sie bestehen das Leben. Sie laufen sich und ihrem Alltag nicht davon. Sie sehen den Sinn ihres Lebens über diesen Alltag hinaus und bestehen es aus diesem Glauben heraus. Ein Glaube allerdings nicht an eine Sache und nicht an ein Programm. Ein Glaube an einen Lebensinhalt, der ganz neu und ganz persönlich in ihr Leben eingetreten ist – Gott. Im Glauben an diesen persönlichen Gott können sie sagen: Ich glaube an dich ... Und daraus dann ein echtes, tiefes: Ich vertraue mich dir an, was auch immer ist.

Es kommt nicht auf den Namen an, sondern auf den, der ihn trägt. Wir brauchen Menschen, die das Programm, das an diese beiden Namen gebunden ist, in ihr Leben einbringen: in ihre Familie, an ihrem Arbeitsplatz, im Umgang miteinander, im Suchen nach Freundschaft und Liebe – überall da, wo sie stehen.

Und sie sind es dann, zu denen man aufschaut, auf die man hört, zu denen man hingeht, weil sie nicht bloß schöne Worte machen. Sich nicht jeder Laune, Stimmung oder Mode an den Hals werfen. Weil sie nicht nur denken und nicht nur rechnen.

Weil sie leben, wirklich leben. Weil sie lieben, wirklich lieben. Deshalb ...

Deine Liebe

„Ich bitte nicht
um Glück
der
Erde,
nur
um ein Leuchten
dann
und
wann,
daß sichtbar
deine Hände
werden,
ich
deine
Liebe
ahnen kann."

Literatur- und Fotonachweis

Annemarie Salentin
Kennst du die Einsamkeit?
Was kümmert's ihn?
Aus unveröffentlichten Gedichten

Gerhard Kiefel
Ohne Freude am Leben
Aus „Wir suchen das Leben"
Kiefel Verlag, Wuppertal-Barmen
4. Auflage 1971
in Koproduktion mit
Schriftenmissions-Verlag, Gladbeck
Verlag Katholisches Bibelwerk, Stuttgart

Ladislaus Boros
Er trägt keine Masken
Aus „Der gute Mensch und sein Gott"
Walter-Verlag AG, Olten 1971

Hans Wallhof
Last der Liebe
Aus „Ferment", Nr. 5, Mai 1976
Ferment, eine Zeitschrift, die hilft
das Leben zu bestehen und die man deshalb
nur empfehlen kann

Irmhild Bärend
Ich bin auf euch nicht angewiesen
Aus „Ich bin unterwegs"
Johannes Kiefel Verlag, Wuppertal 1976
in Koproduktion mit
Schriftenmissions-Verlag, Gladbeck
Verlag Katholisches Bibelwerk, Stuttgart

Hans Orths
Ausgerissen
Aus „Zeichen"
Limburg, 84/3, 1977

Sie fühlen sich isoliert
Alkohol, Tabletten, Drogen
Der erste Schritt zur Lösung
Aus einem Flugblatt des Caritasverbandes

Glück in der Ehe – kann man das lernen?
Aus der Bildzeitung vom 1. April 1976

Auf der Straße nach Jericho
Lk 10, 30–37
Aus NT 68, Bibelanstalt, Stuttgart

Josef und Maria
Mt 1, 18–21 nach Jörg Zink
Kreuz-Verlag, Stuttgart 1965

Fotonachweis (Seite): Altenhöfer (96),
Anthony (17, 54, 76), Dörrer (Titelbild, 9, 25,
37, 45, 61, 64, 67, 70, 81, 89, 92, 95), Galvagni
(110), Kortner (13, 21, 41, 42, 51, 53, 109),
Petri (18, 27, 74, 79, 82, 86, 90), Plösser (34),
Suttner (30, 39). Alle anderen Archiv
und privat.